阿勒泰地区博物馆

Altay Regional Museum

带你走进博物馆

SERIES

阿勒泰地区文博院　编著

文物出版社

图书在版编目（CIP）数据

阿勒泰地区博物馆 / 阿勒泰地区文博院编著 . -- 北
京 : 文物出版社 , 2023.12
（带你走进博物馆）
ISBN 978-7-5010-8299-5

Ⅰ . ①阿… Ⅱ . ①阿… Ⅲ . ①博物馆 – 介绍 – 阿勒泰
地区 Ⅳ . ① G269.274.52

中国国家版本馆 CIP 数据核字（2023）第 242364 号

阿勒泰地区博物馆

编　　著　阿勒泰地区文博院
执　　笔　何会来　郑　颉　李　勇　哈依那尔·哈布尔　吴海燕　叶尔哈那提·热甫哈提
　　　　　阿依克力木·娜孜古丽　郭春荣　杨　丽　阿依努尔·阿扎提　玛尔江·哈勒别克
　　　　　李铱奎　波来·也克本　陈　忱　玛尔江·阿合提　李雅晨　胡　月　赵　铎
　　　　　古孜丽阿依·马丁　卓娅·巴合提　雷秀玲　王　会

责任编辑　冯冬梅
责任印制　王　芳

出版发行：文物出版社
社　　址：北京市东城区东直门内北小街2号楼
网　　址：http://www.wenwu.com
邮　　箱：wenwu1957@126.com
经　　销：新华书店
印　　刷：宝蕾元仁浩（天津）印刷有限公司
开　　本：880mm×1230mm　1/24
印　　张：3.75
版　　次：2023年12月第1版
印　　次：2023年12月第1次印刷
书　　号：ISBN 978-7-5010-8299-5
定　　价：35.00元

赠　言

　　未成年人将要承担中华民族伟大复兴的重任。关心未成年人的健康成长,关心他们的思想道德的建设是我们每个人的责任，各类博物馆不仅是展示我国和世界优秀历史文化的场所，也是未成年人学习知识、培养情操的第二课堂。

　　让这套丛书带你走进博物馆，让博物馆伴随你成长。

单霁翔

2004年12月9日

目录 Contents

阿勒泰地区博物馆

馆长寄语

    阿勒泰地区地处新疆北部，与俄罗斯、哈萨克斯坦、蒙古国三国接壤，总面积11.8万平方千米，下辖6县1市均为边境县（市）。阿勒泰地区自然风光壮美，民俗风情浓郁，地理区位独特，自然资源丰富，生态环境优越，素有"金山银水"的美誉，是丝绸之路经济带北通道和新疆参与中蒙俄经济走廊建设的重要地区，具有对外开放的地缘优势及发展基础，是新疆向西开放的重要门户。

    阿勒泰地区生态环境优越，是全国六大林区之一、新疆第一大天然林区，是国务院确定的水源涵养型山地草原生态功能区，是北疆水塔。旅游资源多元富集，地文景观、水域景观、生物景观等8大旅游资源主类齐全。冰雪资源得天独厚，雪质雪量雪期、温度湿度坡度等滑雪条件都属世界一流，是国家气候中心首个命名、全国唯一的"中国雪都"，更是人类滑雪的最早起源地之一。

    阿勒泰地区历史悠久，文化遗产丰富。吉木乃县通天洞遗址的发现，把阿勒泰地区人类活动的历史推进到4.5万年前的旧石器时代；出土的5200年前的炭化麦粒，是目前国内发现最早的大麦、小麦；出土的黍是目前新疆发现最早的黍作物。西域都护府的设立，标志着新疆地区正式纳入中国版图，成为中国领土不可分割的一部分。自此以后，历代中央政权都将西域视为故土，行使着对西域的管辖权。历史上阿勒泰各族人民爱国、团结、忠诚，有

带你走进博物馆

着爱国戍边、保家卫国的光荣传统。中华人民共和国成立后，阿勒泰地区各族干部群众团结一心、爱党爱国，70余年初心不改，筑起了一道铜墙铁壁，共同维护祖国领土完整。阿勒泰在不同历史时期、不同领域，为世人留下了大量宝贵的历史文化遗存，这些文化遗存不仅是阿勒泰的珍贵财富，也是中华文化的重要组成部分。

　　阿勒泰地区博物馆是阿勒泰地区构建中华优秀传统文化传承体系的重要阵

阿勒泰地区博物馆外景

地，承担着阿勒泰地区文化继承和发展重任，也是收藏、研究、展示阿勒泰地区历史文化的重要窗口。新馆于2021年5月18日正式投入使用，总面积6417平方米，展厅面积2332平方米，现有馆藏文物566件（套），其中国家一级文物9件、国家二级文物21件、国家三级文物35件，藏品包括石器、陶器、铜器、金器、铁器等，珍贵馆藏文物包括草原石人、鹿石等，展馆内的汉代金翼兽饰、隋唐石人等文物更是瑰宝中的瑰宝。这些文物说明阿勒泰地区自古以来就与中原地区有着紧密的文化联系，始终是多元文化并存、多民族聚居之地。

阿勒泰地区博物馆是一座承载和反映阿勒泰地区历史与文化的综合性博物馆，自建馆以来，我们始终立足于文化遗产的保护，梳理阿勒泰地区历史文化脉络，展现阿勒泰地区中华文化多元一体形成的宏大历程，弘扬各民族交往交流交融的时代精神，致力于中华优秀传统文化的传播，增强中华文化认同，铸牢中华民族共同体意识。

阿勒泰地区博物馆先后成功创建了新疆维吾尔自治区干部教育培训现场教学点、自治区级爱国主义教育基地、自治区级科普教育基地、国家3A级旅游景区、自治区首批"大思政课"实践教学基地，并获评为"铸牢中华民族共同体意识教育专题实践教学基地"。

中国雪都阿勒泰，站在新的历史文化起点上，阿勒泰地区博物馆将继续坚持正确政治方向，自觉守正创新，担当文化使命，立足于丰富、延绵的历史文化，致力于打造阿勒泰地区具有示范意义的智慧化博物馆，成为社会公众与展示历史文化的窗口。阿勒泰地区博物馆欢迎各位的到来！

带你走进博物馆

一　历史沿革

阿勒泰地区文物保护管理工作始于1978年。

1978年至1984年，由地区文化馆兼管全地区的文物保护管理工作，这一时期还没有专职文物业务干部，文物保护经费也没有列入地区财政预算。

1984年，阿勒泰地区行政公署批准成立了地区文物保护管理所，隶属地区文化局，为地区文化局直接领导和自治区文物局具体指导下的科级事业单位，1984年至

阿勒泰地区博物馆旧馆展厅

1988年，核定事业编制3人。

1994年，阿勒泰地区博物馆挂牌成立，与地区文物保护管理所合署办公。博物馆位于解放路，总面积1960平方米，内设文物展厅呈六边形，展出各类文物500余件，是阿勒泰地区对内开展爱国主义、历史唯物主义和民族团结教育，对外开展文化宣传、交流的重要基地和窗口。

2004年，经阿勒泰地区委员会机构编制委员会办公室批准，地区文物保护管理所更名为地区文物局，2007年6月被评为全国文物系统先进集体。

2019年，经机构改革，原地区文物局撤销，阿勒泰地区文化体育广播电视和旅游局加挂地区文物局牌子。成立阿勒泰地区文博院（博物馆），全额事业单位，隶属阿勒泰地区文化体育广播电视和旅游局（文物局）。

目前，阿勒泰地区文博院（博物馆）有在职干部12人，下设办公室、宣传教育科、陈列及藏品研究科、文物保护科等相关科室。

带你走进博物馆

二 珍贵馆藏文物

根据全国第一次可移动文物普查及近年来博物馆征集、鉴定文物成果，目前阿勒泰地区博物馆现有馆藏文物566件（套），其中国家一级文物9件、国家二级文物21件、国家三级文物35件，按藏品类别可分为石器、陶器、铜器、金器、铁器等，珍贵藏品包括草原石人、鹿石等。

（一）石器

1.石核

旧石器时代中期（距今约4.5万年）。高4、长7.5、宽6.5厘米。2017年吉木乃县通天洞遗址出土。旧石器时代打制工艺被广泛应用，制作石器时，用石锤打击石材，打下具有锋刃的碎片，称为石片，可用来加工石器。石材被打下若干石片之后，失去其原来的形状，表面遗有许多石片的剥离痕迹，称为"石核"，是打制石器过程中的"剩余物"。

石核

2.石叶

旧石器时代中期（距今约4.5万年），长3、宽0.8厘米。2017年吉木乃县通天洞遗址出土。石叶是由石核上剥落下来的长条状石片，按形状和背部脊棱的数量可以分为单脊石叶、双脊石叶和多脊石叶，

石　叶

早期人类会根据石叶的长短、薄厚加工成不同用途的石器。

3.尖状器

旧石器时代中期（距今约4.5万年）。通长23.5、通宽10.5厘米。2004年福海县域内古尔班通古特沙漠北缘采集。尖状器是用以剔剥、割裂兽皮、挖掘根茎类植物及远距离投掷的工具，一般个体较为粗大，多用巨厚石片制成，从平坦的一面向背面加工，使背部呈棱脊或高背状。

4.锥状石核

旧石器时代晚期（距今4万~1.5万年）。高6.6、底径4.9厘米。国家三级文物。1990年哈巴河县齐德哈仁遗址采集。

尖状器

锥状石核

带你走进博物馆

石器打制过程中的"剩余物"，核身布满剥落长条石片形成的石片疤。呈锥体形状，故名"锥状石核"。

5.石镞

旧石器时代晚期（距今4万~1.5万年）。长4.2、宽1.4厘米。1989年哈巴河县齐德哈仁遗址采集。石镞呈卵叶形，两面加工，底部圆凹，主要作为镶嵌在弓箭、木箭杆顶端的石镞，亦称石制箭头。与青铜镞比，石镞的穿透力和杀伤力较小，是

旧石器时代晚期狩猎、渔猎、采集生产生活中产生的复合工具。

6.小石人

夏商时期（约公元前21~前11世纪）。长24.5、头宽4.5厘米。国家二级文物。1994年富蕴县吐尔洪乡阔克塔勒村征集。小石人又称随葬石人，是指在墓葬发

石　镞

小石人

掘过程中出现在墓室中呈棒状的石柱，在石柱上端雕刻有人面，部分雕刻有手臂。专家学者认为，随葬石人或为逝者生前携带，死后便作为逝者的随葬品，被视为墓主人的"护身符"，具有辟邪消灾的意义。当然也不排除随葬石人本就是一件明器，但目前墓葬中出土的随葬石人数量并不足以支撑此论断，相信随着研究的深入，这个问题会得到更加权威的解释。

7. 带柄石臼

夏商时期（约公元前21～前11世纪）。通高3.9、口径10.2~11厘米。国家三级文物。1989年阿勒泰市切木尔切克镇别斯巴斯陶村征集。石臼是早期人类以石材制造，并用以砸、捣、舂、研磨药材、食物，如坚果、谷物等的生产工具。

8. 带柄石杵

夏商时期（约公元前21～前11世

带柄石臼

带柄石杵

纪）。长21、底径14厘米。1989年阿勒泰市小东沟森林公园附近征集。杵是一种用石头制成的用来碾磨或捣碎研钵中物质的棒形工具，可与带柄石臼组合使用。

9. 圜底石罐

夏商时期（约公元前21～前11世纪）。口径11.2、高14.7厘米。1998年

圆底石罐

石雕人像

阿勒泰市切木尔切克镇别斯巴斯陶村征集。表面打磨光滑，弧鼓形腹，残裂，圆底。切木尔切克文化石质容器类型中，最具代表性的器物是石罐和石臼，其中石罐可以分为两种：一种是椭圆形体，底呈尖圆形；一种是球腹形石罐，明显的鼓腹。

10.石雕人像

商周时期（公元前16世纪~前771年）。长21.6、头宽3.5厘米。国家二级文物。1994年阿勒泰市小东沟森林公园征集。同样为"随葬石人"，石雕人像与小石人略显不同，小石人对面部五官刻画更加细致，头颈处有意做出下颌进行"头""身"分割，而这件石雕人像"头""身"相连，弧形勾勒出下颌线，五官中眼睛凹陷，特征尤为突出。

11.石锄

商周时期（公元前16世纪~前771年）。高12.7、上宽7.5、刃宽11.2、厚1.5、孔径3厘米。1992年阿勒泰市铁木特征集。锄类工具作为人类社会生产生活工具出现的时间较早，它与铲类工具基本上是同时存在的。石锄，石质翻土工具，是农业生产工具之一，形式多样，使用时间较长，进入青铜时代以后，逐渐被金属器取代。

12.马鞍形石磨盘

商周时期（公元前16世纪~前771年）。上盘长44.5、宽14厘米，下盘长43.5、宽18厘米。国家三级文物。1996年阿勒泰市喀拉希力克镇出土。石磨盘用整块石料磨制而成，盘侧边平直，两端呈圆弧形翘起，平面呈平底状。石磨盘是一

种加工谷物或者草籽等的农具，用以对谷物进行脱壳，少部分石磨盘可能用以加工淀粉类食物或用以研磨颜料。除了谷物，采集的坚果类食物也可以在磨盘上进行脱壳。

石 锄

马鞍形石磨盘

带你走进博物馆

（二）陶器

1.菱形刻划戳点纹高领圜底陶罐

夏商时期（约公元前21~前11世纪）。高22.1、口径13.7厘米。国家二级文物。1994年阿勒泰市切木尔切克镇征集。侈口、高领、微束颈，腹部刻划菱形纹，填充以戳点纹，平行斜线与点相间纹样。据目前现存遗迹遗物对切木尔切克文化的研究，菱形刻划戳点纹

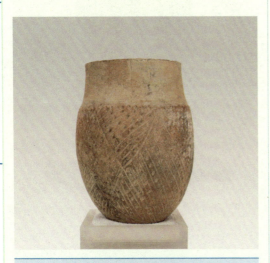

菱形刻划戳点纹高领圜底陶罐

高领圜底陶罐属于切木尔切克文化典型陶器，切木尔切克文化是以素纹陶为典型代表的青铜时代考古文化，陶器的基本特点是：陶器皆为手制，器形比较规整，造型风格明显。分为尖底器、圜底器和平底器，器物以陶罐和高足陶盘为主。纹饰以素纹为主，有刻划纹、压印纹、戳刺纹或锥刺纹、指甲纹等，可分为阿依托汗陶器类型、切木尔切克陶器类型、塑柯尔特陶器类型，其中菱形刻划戳点纹高领圜底陶罐属于切木尔切克陶器类型。

2.刻划菱形曲折纹高领圜底陶罐

商周时期（公元前16世纪~前771年）。通高18、口径12.3厘米。2005年布尔津县窝依莫克乡也拉曼村征集。直口、折颈、鼓腹、圜底，满饰刻划菱形纹，填充曲折纹，口沿下、颈部各饰一条凹弦纹。

刻划菱形曲折纹高领圜底陶罐

根据目前现有分类方法，刻划菱形曲折纹高领圜底陶罐属于切木尔切克陶器类型。

3.锥刺曲尺纹高领陶罐

商周时期（公元前16世纪～前771年）。通高11.5、口径12.5厘米。国家二级文物。1994年阿勒泰市阿苇滩镇库布西村征集。高领、侈口、微束颈、扁球腹、圜底，饰锥刺曲尺纹。

4.刻划三角纹高领黑陶罐

商周时期（公元前16世纪～前771

年）。通高12.6、口径15.1厘米。国家三级文物。1996年福海县库依热克巴依登阔腊斯征集。高领、敞口、微束颈、扁球腹、圜底，戳印纹呈三角形，刻划弦纹绕颈部一周。根据目前现有分类方法，刻

锥刺曲尺纹高领陶罐

刻划三角纹高领黑陶罐

划三角纹高领黑陶罐属于塑柯尔特陶器类型。

（三）铜器

1.环立耳铜鍑

夏商时期（约公元前21～前11世纪）。通高25.5、口径21.8、底座径8厘米。国家二级文物。1986年哈巴河县铁热克提乡征集。铜鍑为高圈足，鍑口微

环立耳铜鍑

敛，双环耳呈圆环状立于鍑沿之上，上端有一乳丁纹，弧腹，鍑足呈喇叭形以承受鍑体，分铸后铸接合成而成，起稳定作用。

2.双环首直柄剑

夏商时期（约公元前21～前11世纪）。长28、宽4.6厘米。国家一级文物。1996年哈巴河县铁热克提乡白哈巴村征集。其形制为直柄、直刃、双环首、束腰、中脊起棱，柄与剑身衔接处两侧有突齿，柄身连铸，素面无纹饰。按照专家考证，双环形柄首是由双鸟回首纹样演化

双环首直柄剑

而来。在先秦时期，各国的兵刃上都会铸出花纹，而北方短剑的装饰纹样以动物纹和几何纹居多，最常见的是各种鸟纹。

3.驼首铜刀

商周时期（公元前16世纪~前771年）。长19.3、宽1.4~2厘米。国家一级文物。1990年阿勒泰市塔尔浪村征集。驼首铜刀通体黑漆状，刀首处刻划骆驼纹样，制作精美，风格简约灵动，是兽首青铜刀的杰出代表作。

4.蕈首铜剑

商周时期（公元前16世纪~前771年）。通长22.6、柄长9.4厘米。国家二级文物。1984年出土于哈巴河县萨尔布拉克镇一带，1987年征集。蕈首铜剑形制为直柄、直刃，首部呈蘑菇状，剑身带凸脊形式，柄身交接处有剑格，柄身连铸，素面无纹饰。

驼首铜刀

蕈首铜剑

5.铜锛

商周时期（公元前16世纪~前771年）。长7.7、宽5.6厘米。国家三级文物。1995年征集。铜锛形制为长条形，弧形刃，圆形銎。锛属斧类，一般把单面刃的斧称为"锛"，是用以砍削木料，使

带你走进博物馆

木料表面平整的工具，出于此种用途，锛的刃部或做成偏刃即所谓单面刃。

6. 环首曲背铜刀

春秋时期（公元前770~前476年）。残长15、宽2.3厘米。国家三级文物。2002年青河县青河镇征集。环首，曲身，

铜锛

环首曲背铜刀

柄端有一圆环可系带，脊厚刃薄，刃尖上翘，环首刀因刀柄最顶端有圆形或椭圆形的环而得名，刀柄处饰折线纹。

7. 铜人头像

春秋战国时期（公元前770~前221年），高4.4、宽2.3厘米，1995年青河县小青河边预制厂推土时出土。铜质，中部呈管銎状，底部断裂，面部和颈部附着红色彩绘。铜人头像采用阳刻的手法，刻划出人的面部特征，眉骨突出与鼻梁相连，眼睛如同"凤眼"般向上延伸，颧骨呈三角形，从鼻骨中部向后逐渐扩大，嘴唇微张用竖线刻划出牙齿，面部整体有隆起有凹陷，其中额中的"第三只眼"尤为引人注目。

第三只眼（或称内在眼、天眼）被人们赋予了神秘主义的色彩，早在中国古典神话传说中就有杨戬，俗称二郎神，外

铜人头像

骨处的隆起一同视为铜人佩戴的面具，隆起的部分是有意的遮挡，也是护具，于是便有了面具上的"第三只眼"。

8.铜带钩、扣

战国时期（公元前475~前221年）。钩长6.5、扣长3.7、宽1.5厘米。国家一级文物。1993年哈巴河县齐巴尔乡喀拉塔斯村征集。铜带钩、扣是古代贵族和文人雅士所系腰带的挂钩，故又称"犀比"，多用青铜铸造。带钩相当于我们现在的皮带扣，主要用于钩系束腰的革带，多为男性使用。人们使用带钩，不仅为日

表为特殊的三眼少年神，容貌俊秀，身佩三尖两刃刀，更有神犬神鹰追随在侧，神通广大，变化多端。在中国古代传说和民间信仰中不仅神威显赫、善猎能战，而且正直仁义、为民除害、显圣护民。

有学者认为，将"第三只眼"和颧

铜带钩、扣

带你走进博物馆

常所需要，更是身份地位的象征，尤其王公贵族、社会名流所用带钩甚为精美，具有很高的工艺水平和艺术价值。

9.立耳镂空圈足铜鍑

汉（公元前206~220年）。通高37.2、口径27~28、底座径13.5厘米。国家一级文物。1989年富蕴县萨尔布拉克境内出土。铜鍑为高圈足镂孔，弧腹、双耳呈圆环状，立于鍑沿之上。立耳下两侧环，亦称附小耳，腹最大径处有绳纹绕腹一周。

铜鍑是早期游牧生产生活中的用具，在欧亚大陆草原地带广为流行，它既可以用作祭祀活动中的礼器，也可以是炊具。鍑耳的功能当与鼎耳同，即用于穿扛抬移，立耳可以作提抬的把手，圈足是起稳定作用的，它的大小、高低与鍑的大小有关，总体上来说，铜鍑的制作以适用性为主，便于游牧生活中的搬迁。

10.桥形纽铜印

汉（公元前206~220年）。通高

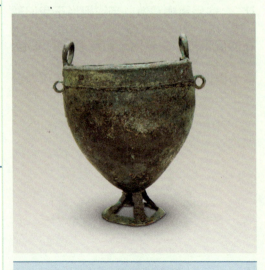

立耳镂空圈足铜鍑

桥形纽铜印

1.8、边长2厘米。国家三级文物。1987年青河县阿热勒乡呼尔森村征集。桥形纽铜印是铜质私印，上面刻有文字，但目前仍未对上面的文字进行确切的识读，相信随着识读工作的不断深入，桥形纽铜印背后的故事将逐渐清晰。

11. 铜鹿首

汉（公元前206~220年）。残高9、宽3厘米。国家三级文物。1990年福海县库依热克巴依簦阔腊斯遗址征集。在古人心目中，鹿是一种瑞兽，有祥瑞之兆。《宋书·符瑞志》载："白鹿，王者明惠及下则至。"认为鹿是纯善禄兽，"鹿"与"禄"谐音，寓意加官进禄、权力显赫。因此，古代铜器中鹿纹图案较多，造型亦千姿百态，丰富多彩，或卧或立，或奔跑于山间绿野，或漫步于林间树下，皆生动秀美、雅致可爱。

铜鹿首

12. 乐器纹带柄铜镜

宋（960~1279年）。直径7.8厘米。2006年阿勒泰地区福海县征集。铜镜背面刻划有11种乐器纹样，其中包括箜篌、琵琶等不同种类的古典弦乐器和其他打击乐器。

带你走进博物馆

乐器纹带柄铜镜

神人龟鹤齐寿带柄铜镜

13.神人龟鹤齐寿带柄铜镜

辽（907~1125年）。通长17.9、直径9.4、厚2.8、柄长8.5厘米。国家二级文物。1990年阿勒泰市汗德尕特乡征集。辽朝和宋朝时有信奉道教这一传统，而神人龟鹤齐寿纹在中原地区便作为道教传播过程中的创作母题，频繁出现在辽宋时期的用具中。

14.柳毅传书铜镜

辽（907~1125年）。直径9.4厘米。

柳毅传书铜镜

1990年哈巴河县库勒拜乡塔斯喀拉村征集。画面以纽为界，人物绕纽而列，沿着镜缘伸出一株古树，树下女子衣带飘拂，男子面向女子，身子微向前倾，双手拱起，纽下一侍童在远处扶马伫立等候，波涛翻滚的河水中两条鱼在嬉戏。"柳毅传书"讲的是一个古老的中国民间爱情故事，取材于唐朝李朝威的爱情传奇小说《柳毅传》。故事讲的是柳毅在唐仪凤年间赶考未中，回家路上行至洞庭湖畔，遇见一女子牧羊。女子对柳毅说，我是洞庭君的女儿，拜托你带封信给我父亲，数年后，洞庭女隐名嫁于柳毅，以报答柳毅解难之恩。柳毅传书铜镜是故事镜的典型代表。

15.铜人面器足

清（1616~1911年）。1989年阿勒泰市云母二矿征集。铜人面器足，器物

铜人面器足

饰人面，据其形制，疑为器足，铜人面部刻划极具特征，连眉高鼻，五官立体且突出。

（四）金器

1.虎逐鹿错金铁泡

西周晚期至春秋时期（公元前9世纪~前476年）。直径4、高1.2、顶部孔

虎逐鹿错金铁泡

金箔雪豹

径0.9厘米。2011年哈巴河县东塔勒德墓地出土。圆丘状铁泡表面以错金工艺镶嵌成两只动物,一只虎,一只鹿,互相追逐,循环往复。虎作为凶猛的野兽,与原始狩猎民族生产生活关系密切。

2.金箔雪豹

西周晚期至春秋时期(公元前9世纪~前476年)。长1.3、宽1厘米。2011年哈巴河县东塔勒德墓地出土。金箔雪豹,豹身蜷曲成近圆形,头尾靠近在一起,爪子明显,可能以模具压成,有左右之别,蜷曲程度也有差异,做工极为精美。

3.卧虎金饰件

西周晚期至春秋时期(公元前9世纪~前476年)。长3.4、宽2.8厘米。2011年哈巴河县东塔勒德墓地出土。这件独特的卧虎金饰件,采用模具先把金箔压成浮雕卧虎状,同时,为了达到让虎头昂起的效果,又在相应的部位,把金箔剪开,最后模压成立体的虎头。

卧虎金饰件

金翼兽饰

4.金翼兽饰

汉（公元前206~220年）。长6.4、宽3.2、厚2~3厘米。国家二级文物。2002年阿勒泰地区青河县阿热勒乡出土。是珍贵的馆藏两汉时期文物之一。

金翼兽饰创作元素包括马、麒麟、格里芬等现实或臆造动物，通过艺术加工的形式将不同元素融合，这些元素分别来自中原地区和西亚、中亚地区的文化特征与铸造工艺，这样的翼兽造型在中国汉代的很多文物中都有出现，是比较常见的艺术造型。

5.金虎饰件

汉（公元前206~220年）。长3.4、高2.8毫米。国家二级文物。饰件以金虎为主题纹样，而底部衬以云纹作为其附属纹样。之所以把金虎饰件也划入"奔跑型"纹样的范畴，是因为图中金虎的肢体呈明显的跃起状，尽管饰件仅保留了虎的上肢

金虎饰件

和主要躯干部分，虎的下肢部分残缺不甚明显，视觉上呈"奔跑"或者"跳跃"状，故将金虎归入"奔跑型"纹样。细节部分的处理也是精巧，金虎饰件上肢线条明确可辨，虎爪反向勾起，虎首回望，嘴部大张，怒目圆睁的表情刻划入木三分。

（五）铁器

1.铁矛

晋（265~420年）。1984年哈巴河县萨尔布拉克镇征集。

2.铁镞

元（1206~1368年）。长13.3、宽2.2厘米。国家三级文物。1998年阿勒泰市征集。

（六）石人

1.巴斯克阿克喀仁石人

夏商时期（约公元前21~前11世纪）。通高75、肩宽46厘米。国家三级

铁矛

铁镞

巴斯克阿克喀仁石人

文物。1996年从青河县巴斯克阿克喀仁
一号墓地移至博物馆内。闪长岩雕刻，仅
雕刻出了人的圆形面部轮廓，顶部雕刻成
圆形，且琢刻成一个平面，石人的脸孔就
雕刻在平面的偏上部位，以浮雕法刻出面
部轮廓，眼睛圆形，鼻子方直，嘴阴刻，
呈"一"字形。

2.喀腊塔斯三号墓地1号石人

夏商时期（约公元前21~前11世
纪）。高180、宽85厘米。2006年从阿

勒泰市切木尔切克镇喀腊塔斯三号墓地移
至博物馆内。石人由黑色岩石雕刻，大部
分保存了自然面，不规则，略呈长方形。
浮雕出了人的脸面和两臂，刻痕比较明
显。人脸呈圆形，连弧状的眉，直鼻，鼻
翼略宽。嘴浮起，呈椭圆形。眼睛不太清
楚，略呈椭圆或圆形。两臂屈于胸部，左

喀腊塔斯三号墓地1号石人

臂偏上，右下。双手五指朝上平伸，左手作抚胸状，右手下雕刻了一件曲棍状的器物。

3.喀腊塔斯三号墓地 2 号石人

夏商时期（约公元前 21~前 11 世纪），通高 212、宽 68 厘米。2006 年从

喀腊塔斯三号墓地 2 号石人

阿勒泰市切木尔切克镇喀腊塔斯三号墓地移至博物馆内。石人由黑色岩石雕刻，刻石大都是自然面，不规则，大体呈长方形。浮雕出了人的脸面和两臂，刻痕比较明显。人脸呈圆形，连弧状的眉，直鼻，鼻翼略宽。嘴浮起，呈椭圆形。眼睛轮廓不太清楚，看似呈椭圆或圆形。石人的两臂屈于腹部，右臂偏上，平伸五指作轻抚状；左臂偏下，手作握圆首的剑状。在石人的腹部雕刻一匹马。

4.科克舍木老克尔木齐墓地石人

夏商时期（约公元前 21~前 11 世纪）。高 75、下宽 80 厘米。2004 年从阿勒泰市切木尔切克镇科克舍木老克尔木齐附近移至博物馆内。刻石是一未经加工的砾石，浮雕出人的脸面和手臂，面廓呈边框形式的浮起，五官也是浮雕表现，眉很宽，环状小圆眼。渐宽形鼻，鼻翼显很

科克舍木老克尔木齐墓地石人

喀依纳尔二号墓地1号石人

宽。阴刻弧形嘴。颧面浮起，上面有些小凹点。两臂屈于腹胸前，右臂偏上，左臂偏下，双手平伸五指呈抱抚状，在手的下面雕刻有弓引。胸前饰连弧形纹。

5.喀依纳尔二号墓地1号石人

商周时期（公元前16世纪~前771年）。高113、宽73、厚56厘米。国家一级文物。石人头部位置浮雕出圆形面部轮廓，弧眉，直鼻，近圆形眼睛，"一"

字形髭，椭圆形嘴，颈肩分界不明显，可视作躯干，在相当于颈的地方，上下饰两道窄带纹，其间饰以凹点纹饰，在胸前同样饰以凹点纹。

6.博物馆地基石人

商周时期（公元前16世纪~前771年）。高166、宽48厘米。国家一级文物。2019年从阿勒泰地区博物馆地基移至博物馆内。石人为长方形石板，花岗岩

博物馆地基石人

117、宽约40厘米，用长方形石板雕刻，花岗岩质。国家二级文物。1996年从青河县阿热勒乡喀让格拖海墓地移至博物馆内。顶部经人为敲琢略呈圆形，仅雕刻出面孔和衣领，脸呈长椭圆形，以浮雕表现五官。弧形眉，写生似的眼；鼻子窄，鼻翼部表现得很细致；嘴稍宽，略撅起；下

质石。顶部经人为敲琢略呈刀形，仅雕刻出圆形面孔，脸呈椭圆形，以浮雕表现五官。这尊石人是阿勒泰地区博物馆主体在建设过程中从地基里发掘出来的，与阿勒泰地区博物馆有着特殊的渊源。

7.喀让格拖海石人

隋唐时期（581~907年）。石人高

喀让格拖海石人

颌圆润。阴刻出颈部、衣领。衣领为双翻领，雕刻粗糙，可能不是同时雕刻的。另外，还雕刻出了耳朵。

8.乔阿梯1号石人

唐（618~907年）。通高146、肩宽37厘米。国家一级文物。1987年从阿勒泰市大河林场苗圃移至博物馆内。石人雕刻出头、肩及手臂等，脸形椭圆，深目隆鼻，颧骨明显，髭曲翘，颊部美髯浓茂。右臂屈至胸，手持杯；左臂斜屈至胸左侧，手握剑。剑圆首，体直。另外，雕刻了发饰，嘴不明显。

9.水泥厂石人

唐（618~907年）。石人头部缺失，残高100、肩宽43、厚16厘米。国家二级文物。1996年从富蕴县水泥厂附近移至博物馆内。石人刻石为花岗岩质长方形石板，通体雕刻。石人颈比较长，着圆肩双翻领长衣，窄袖。右臂屈于胸，手托杯；左臂屈至腰际，手握剑。束腰，但腰带刻痕不明显。右侧垂以圆形袋囊。剑为直柄，直格，鞘上刻有两个半圆形扣饰，鞘身微弯。石人小腹部雕刻了曲颈短刀，刀直柄，直格，鞘方头直体，也有两个半

乔阿梯1号石人

带你走进博物馆

水泥厂石人

托干拜石人

圆形扣饰。

　　10.托干拜石人

　　唐（618~907年）。通高310、肩宽53厘米。国家二级文物。1996年从哈巴河县托干拜墓群移至博物馆内。

（七）鹿石

　　鹿是阿勒泰地区考古遗存动物纹样中重要的母题，在阿勒泰地区岩画中也处处能看到鹿的影子。在延绵的阿尔泰山脉南麓，鹿是大型食草动物的代表，善于奔跑，身形矫健，鹿角挺拔而又高贵，这些独特的造型或许在史前阿勒泰地区先民心中曾留下深深的烙印。高山深处的洞穴石窟彩绘岩画、山涧河谷的鹿石石刻，无不反映着"鹿"作为一种原始动物崇拜的存在。

1. 恰勒格尔2号鹿石

春秋时期（公元前770~前476年）。残高203、宽28~29、厚24厘米。国家二级文物。1987年从富蕴县恰勒格尔墓地移至博物馆内。鹿石上部残缺，截面为矩形，剥蚀严重。一宽面上残留四只图案化的鹿，三只较完整，首朝上，一只仅剩鹿体的尾部。碑体的腰部雕刻了两条平行线间饰曲折纹的腰带图案，一把弓插在上面。另外，在一窄面上雕刻了一个近五边形的长方框图案，内饰十几条折线纹，折线平行排列。

恰勒格尔2号鹿石

2. 恰勒格尔3号鹿石

春秋时期（公元前770~前476年）。残高80厘米。国家三级文物。1987年从富蕴县恰勒格尔墓地移至博物馆内。鹿石碑体上、下皆残缺，截面呈不规则的四边

恰勒格尔3号鹿石

形，四个面皆雕刻有鹿纹，其中三面图案模糊不清。图案较清晰的一个面残留了三只鹿，中间的一只较完整，上、下两只缺头少尾。鹿纹呈图案化。

3.恰勒格尔1号鹿石

春秋时期（公元前770~前476年）。通高317厘米，截面呈五边形，最宽的面宽40厘米。国家一级文物。1987年从富蕴县恰勒格尔墓地移至博物馆内。鹿石上部雕刻一圆环，连点下面雕刻了5只鹿，第1只作回首状，其余4只首朝上。其背面连点下面雕刻了5只鹿，皆首朝上，在

第三只鹿的背部位置雕刻了一只弓囊。这通鹿石虽然局部剥蚀，但其中两个宽面图案仍然较清晰，工艺精细，碑面上似涂有红色颜料。连点基本直线排列，环绕碑体一周，碑体呈刀形。

恰勒格尔1号鹿石

4.什巴尔库勒鹿石

春秋时期（公元前770~前476年）。高300、宽30厘米。国家一级文物。鹿石整体呈方柱形，两面均雕刻有图案化鹿纹。正面上部雕刻了带小柄的圆环纹，下面是五只鹿，最上面的一只鹿与其余四只

什巴尔库勒鹿石

呈反向，立式，首向斜下。其余四只鹿身体平行地朝上倾斜，首朝上。背面是六只鹿，偏上平行排列的四只鹿皆首朝下，下面平行排列的两只鹿皆首朝上。在另两个面上，一侧雕刻的可能是刀或剑的形象；另一侧局部图案模糊，中部略偏上雕刻一内有连续曲折纹的长方框，其侧似雕刻朝上的鹿纹。

5.巴斯克阿克喀仁鹿石

春秋战国时期（公元前770~前221年）。通高94、宽面24~25、窄面20厘米。国家三级文物。1996年从青河县巴斯克阿克喀仁一号墓地移至博物馆内，现收藏于阿勒泰地区博物馆。鹿石顶呈弧面，截面不规则，仅一宽面经过修整，较平，上部雕刻三条平行的斜线。两窄面连点上部各雕刻一圆环。另外，一宽面连点纹的中间连点纹呈圆形。

巴斯克阿克喀仁鹿石

（八）其他

1.羊鹳鱼图岩画

商周时期（公元前16世纪~前771年）。长40、宽22厘米、厚5厘米。发现于阿勒泰市骆驼峰。羊鹳鱼图雕刻细致，内容深刻，是阿尔泰山岩刻画中的精品。其上雕刻有羊、鹳、鱼三种动物。羊居于左上角，线条勾勒出颈、身体、双腿和尾，羊头因石面剥蚀，只保留了残损

的羊角和眼睛部分。鹳处于画面的左下角，保存完整。鹳头小，长颈弯曲，通体瘦长，尾微翘，双腿细长，以透视方式表现，并刻画出趾，尖嘴啄鱼的后鳍，通过鹳鸟身体后倾，可以看出其正全力啄鱼，鱼则稍稍反向摆动，很好地表现了这一幕的运动感。

阿尔泰山的岩刻画中少见鸟类动物，现今已发现的鸟类动物有鹰和鹳，此岩刻

羊鹳鱼图岩画

画上的鹳属首次发现。鱼类形象也是首次见于阿尔泰山岩刻画。它们丰富了阿尔泰山岩刻画动物的种类。

鹳鸟啄鱼主题的画面也见于黄河流域，一是陕西宝鸡北首岭半坡文化中的"水鸟啄鱼图"，一是河南省临汝县阎村新石器时代文化遗址中的"鹳鱼石斧图"，这体现了远古时期新疆先民观念形态与内地的联系。

2.驼羊双鸟图岩画

商周时期（公元前16世纪～前771年）。国家三级文物。1996年阿勒泰市红墩镇多拉特村征集。这幅岩画用简约但生动的笔墨描绘了一幅生态和谐、物种丰富的动物群居图。

3.五羊图岩画

春秋时期（公元前770～前476年）。画面上五只羊昂首向前，描绘出一幅草原

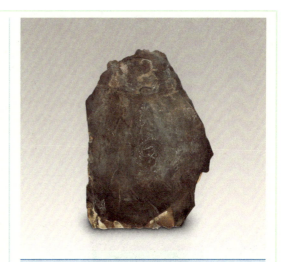

驼羊双鸟图岩画

五羊图岩画

上动物自在奔跑的美好图景。

4.汗德尕特牛图岩画

春秋时期（公元前770～前476年）。描绘了一幅牛群迁徙的景象，迁徙路上体

带你走进博物馆

汗德尕特牛图岩画

骨带扣

形壮硕的公牛站在小牛身后，为迁徙之路保驾护航。

5.骨带扣

战国至汉代（公元前475~公元8年）。长7.4、宽4.4、高1.4厘米。2010年出土于布尔津县山口电站墓地。牛骨磨制，青色，其功能类似现在的皮带扣。

扣身呈亚腰形，木质中轴（残）。扣舌长4.2厘米，可在轴上活动，由此可见，骨带扣制作工艺精湛。

6.鎏金宗喀巴像

清（1644~1911年），1986年阿勒泰市征集。宗喀巴被尊为藏传佛教格鲁派的创立者。他的塑像、壁画、唐卡在藏传佛教寺庙中可以说触目皆是。此尊造像中他头戴桃形尖帽，身着袈裟，两手在胸前结说法印，左右肩分别饰有经和剑，这一标志和文殊菩萨一样。传说宗喀巴是文殊菩萨所转生。

品和香料的精密衡器。戥秤是我国特有的
计量器具之一，因其用料考究，做工精
细，技艺独特，自产生之初，就在度量衡
发展史上写下了浓墨重彩的一笔。

鎏金宗喀巴像

卜骨

7. 卜骨

清（1644~1911年）。1995年阿勒
泰地区富蕴县征集。占卜用的兽骨，一般
选用牛、羊、猪的肩胛骨。

8. 戥子（戥秤）

民国时期（1912~1949年）。2006
年征集。戥子学名戥秤，属于小型的杆
秤，是旧时专门用来称量金、银、贵重药

戥子（戥秤）

三 展览陈列

（一）基本陈列——金山史韵

"金山史韵"是阿勒泰地区博物馆的基本陈列，展陈面积1844.99平方米，按照时间顺序系统梳理了阿勒泰地区历史文化脉络，共包括石器时代、夏商时期、周秦时期、汉晋南北朝时期、隋唐五代时期、辽宋元明时期、清代、民国时期等8个部分19个小单元。

金山史韵展厅序厅

1.序厅　金山史韵

"金山史韵"以阿勒泰历史文化为基础，升华提炼主题，通过艺术手法加以表现。"金山史韵"金色主题大字置于造型中央，四周采用通天洞沉浸空间设计，别有洞天；弧形墙顶部环形金色岩墙，寓意金山历史绵延不绝；灰色砂岩墙上交错着新石器时代至明清时期的文化符号；金山剪影墙镌刻墩德布拉克洞穴彩绘岩画、喀依纳尔一号墓地五尊石人、三道海子石堆遗迹等图案。下方为通天洞火塘遗址艺术品，寓意阿勒泰古人类点燃新疆地区文明之火，开启了阿勒泰历史的源头。

阿勒泰地区文物古迹星罗棋布，东起青河县、富蕴县，经福海县、阿勒泰市，西至布尔津县、哈巴河县、吉木乃县，长达千里。千山万壑雕刻着难以计数的岩刻画，突立于山体的石棚，隐藏着题材丰富的洞穴彩绘岩画，美不胜收。据统计，通过历年的考古调查，阿勒泰地区共发现文物古迹695处，其中全国重点文物保护单位5处、自治区级文物保护单位37处、自治州级文物保护单位2处、县市级文物保护单位162处、一般不可移动文物保护单位427处，其中草原鹿石、草原石人数量居新疆之首，合计百余件。

2.第一部分　石器时代

吉木乃县通天洞遗址，位于吉木乃县托斯特乡阔依塔斯村东南一处当地人称"通天洞"的洞穴。通天洞遗址考古发掘历时7年，发掘者认为通天洞遗址不仅仅是一处综合性遗址，极有可能是一处旧石器时代中期的聚落遗址，并延续到旧石器时代晚期。

带你走进博物馆

它的年代也不仅仅局限于4.5万年前，应该在5万年以前。

作为阿勒泰地区石器时代的起点，通天洞遗址也是新疆境内发现的第一处旧石器时代洞穴遗址，曾入选"2017年度全国十大考古新发现"，并入围"百年百大考古发现"。在通天洞遗址的旧石器时代文化层中，出土了大量的石器、骨器和动物骨骼化石，编号标本两千余件，其中石制品约占2/3，种类十分丰富。

齐德哈仁遗址位于阿勒泰地区哈巴河县加依勒玛乡齐德哈仁渡口附近，其横跨了旧石器时代晚期，是以狩猎、渔猎经济为特征的阿勒泰地区石器遗存的代表，该石器地点同样发现有勒瓦娄哇技术特征的旧石器时代晚期石器，以及大量的细石器，其中的细石器与我国华北细石器具有诸多共同特征，反映了东方居民向西迁徙的遗存，可见早在远古时期，阿勒泰就已经和中原地区存在着联系。

3.第二部分　夏商时期

夏商时期，中国历史上最早的中原王朝与其周围的大小氏族、部落、部落联盟逐渐融合，形成的族群被统称为诸夏或华夏。阿勒泰地区在这一时期以通天洞遗址青铜时代地层、托干拜二号墓地、切木尔切克石人及石棺墓群等遗存为代表的切木尔切克文化最为典型。

1965年，新疆社会科学院考古研究所的王明哲、易漫白和王炳华等考古专家对位于阿勒泰市切木尔切克镇的切木尔切克古墓群进行了考古发掘，出土了石罐、石臼、石范、石镞等石器，以及陶器和青铜镞等夏商时期典型文物，后期在阿勒泰地区其他

金山史韵展厅掠影

县也先后发掘出同文化类型的文物。考古专家将发现的属于青铜时代时期的考古学文化称为切木尔切克文化。

具有切木尔切克文化考古类型学特征的墓葬多为低矮的封堆，封堆边缘有竖石板围成的石围，封堆中有一些小石板石室，有的为幼童墓葬，有的为祭祀使用，多埋葬石罐或陶罐。封堆下有较大的石板石室，葬有单人或多人，石棺内外均有装饰，有的雕刻出人面、马等形象，有的彩绘出菱形网格、三角纹饰等。石板对接处常常处理成斜45度，使石板间对接严密，形成石棺。

　　出土的器物包括石器、陶器、青铜器等，其中墓葬封堆东侧竖立石人是切木尔切克文化葬俗的典型特点，可能是切木尔切克人群祭祀祖先的形式，也可能是当时的英雄崇拜。切木尔切克文化石人以喀依纳尔类型为主，选材多为闪长岩，也有花岗片麻岩质的自然砾石或石板。

　　纵观阿勒泰地区，切木尔切克文化范围覆盖了阿尔泰山脉中段南麓地区，包括阿勒泰市、布尔津县、哈巴河县、吉木乃县、富蕴县、青河县在内均发掘有切木尔切克文化墓葬，其中哈巴河县托干拜二号墓地碳十四数据，显示该墓地年代距今4200年，也是

"金山史韵"展厅

目前地区考古发掘中已知年代信息最早的切木尔切克文化墓葬。相信随着考古发掘工作的持续深入开展，更多有关切木尔切克文化的信息将更加全面地展现在我们面前。

切木尔切克文化不但是阿尔泰山重要的距今4000多年的青铜时代考古学文化，也对周边地区有着深远的影响，在哈萨克斯坦、俄罗斯、蒙古国等地都有所发现，而且国际学术界也一直认为阿尔泰山南麓是切木尔切克文化的核心区域，是在中国境内成熟壮大的早期考古学文化。

4.第三部分　周秦时期

先秦时期的华夏族群，经过长期与周围族群的多元融合，特别是经过春秋战国500余年大动荡的交汇与融合，到了秦汉之际，进一步与周围族群融合为一体。公元前221年，秦王嬴政统一六国，结束了中原等地区长期以来割据混战的局面，建立了中国历史上第一个统一的封建王朝——秦朝。公元前202年，汉高祖刘邦再次建立统一的封建王朝——汉朝。秦汉两个统一封建王朝的建立，开创并奠定了此后两千多年多民族大一统格局。

该时期阿勒泰地区在连通东西、纵贯南北两个方向上的联系加强，尤其是和中原地区的联系更加紧密，中原的丝绸、铜镜、漆器及其相关技术相继传入。

在阿勒泰地区该时期具有代表性的考古发现就是东塔勒德墓地，它位于哈巴河县东北约20千米的加依勒玛乡塔木齐村东，阿尔泰山脉南麓的多条山梁上。出土器物包括陶器、铜器、铁器、金器等，其中以金器居多，约有800件。这些金器不仅数

量众多，而且其制作工艺高超，类型多样，其中的动物纹样繁多，不乏"雪豹""卧虎""虎逐鹿"等生动形象的动物纹样。

除了东塔勒德墓地，还发现了该时期另一处典型文化遗存——喀拉苏墓地。喀拉苏墓地位于阿勒泰地区哈巴河县加依勒玛乡阔克塔斯村西北2.5千米的戈壁草场上，发现有周秦时期墓葬并出土石器、骨器、陶器、铜器、铁器、金器等器物约600件，对了解当时阿勒泰地区与中原交往、交流、交融具有非常重要的意义。

周秦时期，尤其是大一统王朝——秦朝的建立，增强了中原地区对周边的辐射能力，阿勒泰与中原地区的联系加强，该时期墓葬中出土的来自中原地区的羽状地纹铜镜、漆器、丝绸等文物，证明了该时期中原与阿勒泰地区存在着密切的交往。

此外，在一些中国早期的文献古籍，如《穆天子传》《山海经》中也有关于阿尔泰山的山川地理、文化习俗及其与中原之间相互交流的记述。

5. 第四部分　汉晋南北朝时期

汉晋南北朝时期，是我国统一多民族国家发展的重要阶段。公元前60年，匈奴统治集团内部发生分裂，控制东部天山北麓的匈奴日逐王先贤掸率众降汉，受封归德侯。自此，西汉完全统一西域。同年，西汉在乌垒城（今新疆轮台境内）设立西域都护府，任命郑吉为首任西域都护，自此"汉之号令班西域矣"。西域都护是汉朝在西域设立的最高军政长官，级别相当于中原最高一级地方长官——郡太守。西域都护府的设立，标志着新疆地区正式纳入中国版图，成为中国领土不可分割的一部分。自此以后，历代中央政权都将西域视为故土，行使着对西域的管辖权。

　　该时期的阿勒泰地区主要有匈奴、乌孙、嚈哒、悦般、高车、柔然、突厥等游牧部落角逐更替。阿勒泰地区先后发掘了约600座古墓葬，出土了大量汉晋南北朝时期的珍贵文物，成为研究该时期历史的重要材料。其中具有代表性的墓葬有：2006年发掘的富蕴县塔勒德萨依墓地，2008年发掘的富蕴县塑柯尔特墓地，2009年发掘的阿勒泰市克孜加尔墓地汉晋墓葬。

　　6.第五部分　隋唐五代时期

　　隋唐时期，中央政权对西域的管理大为加强。唐朝先后设置安西大都护府和北庭大都护府，分别统辖天山南北，少数民族聚居区推行府州制，并沿袭历代中央政权屯田戍边的传统，实施西北地区的屯田，设立"支度屯田使"管理屯田事务，进一步加强了中央对西域的管辖，增强了我国统一多民族国家的向心力和凝聚力。

　　在唐朝时期，丝绸之路空前繁荣，阿勒泰地区成为北部"草原丝绸之路"的重要节点，和整个丝绸之路一起，建构了古代东西方世界相互连通的交通网络。唐显庆四年（659年），唐朝设置金山都护府，治所设在庭州，管辖天山以北、巴尔喀什湖以南、金山以西、两河流域以东的广大地区，隶属于安西大都护府。长安二年（702年），武则天于庭州置北庭都护府，取代金山都护府，管理西突厥故地，统辖西突厥十姓部落诸羁縻府州，仍隶属于安西大都护府。景云二年（711年），北庭都护府升为北庭大都护府，与安西大都护府分治天山南北。

　　为维护交通和商道安全，唐朝在沿途设置了大量驿站、驿馆等设施，这些设施和规定既便利了军政官员和军队的往来交通，也给过往商旅和物资流通带来极大方便。丝绸之路将唐朝都城长安和中亚、西亚、东欧等地区紧密地联系在一起，形成了一个巨大的交通网。在这个交通网络中，使节、宗教人士、军队和商团成为主角，丝绸、钱币、玻璃、金银器等商品自由流通，宗教、哲学、文学、音乐、舞蹈、科技、民俗等思想文化交流交融，开放、包容、进取、互利成为丝绸之路的主题，丝绸之路上呈现出"使者相望于道，商旅不绝于途"的盛况，不同文明求同存异，共同绘就了人类文明繁荣壮丽的篇章。

　　7.第六部分　辽宋夏金元明时期

　　辽宋夏金元明时期，各地方政权在政治、经济、文化上始终保持着与中原王朝的密切交流，历史上的西域政权都是中国疆域内的地方政权。新疆地区历史上存在过的地方或割据政权都有浓厚的中国一体意识，或认为自己是中央政权的分支，或臣属于中央政权。元朝时期，中央政权在新疆实行军政一体的治理，规模空前的政治统一进一步推动了规模空前的民族迁徙活动，形成了广泛的民族杂居局面。这一时期大批疆内部族移居疆外生活，学习使用汉语，有的参加科举考试并被录用为各级官员，涌现出一批政治家、文学家、艺术家、史学家、农学家、翻译家等，助推新疆各民族文化出现了一个发展高峰。

　　考古工作者发现了该时期遗留下来的大量历史遗址、遗迹、文物等，其中比较典型的就是青河县乌鲁肯达巴特岩画六字真言、塔拉特沟岩画以及瑙云彩绘等。这些都反映了该时期阿勒泰在政治、经济、文化、宗教等方面的面貌。

8.第七部分　清朝时期

清朝时期是我国统一多民族国家形成和巩固的重要时期，对于新疆和阿勒泰而言清朝更是一个重要的历史时期。清朝前期，基本奠定了中国近代国家版图，清代中国成为一个幅员辽阔、人口众多、国力强大的统一多民族国家，并深刻影响中国近代和现代的历史发展道路。

乾隆帝统一天山南北之后，设置了伊犁将军，管辖包括今天阿勒泰地区南部的新疆地区，当时的阿尔泰区域（其中包括阿勒泰地区）则归乌里雅苏台将军下辖的科布多参赞大臣管辖。

1907年，为了安定边疆，防范沙俄侵犯，阿尔泰与科布多分治，清朝设立阿尔泰办事大臣。

9.第八部分　民国时期

1911年，武昌起义爆发，新疆积极响应。虽然国家处在动荡之中，外部势力对新疆进行渗透与侵略，但新疆始终处在中央政权的管理之下，始终是祖国不可分割的一部分，各族人民与分裂势力斗争，维护了国家统一和民族团结。为了凝聚民心，巩固边防，时任省长的杨增新，在中央政权支持下，于1919年将阿勒泰地区划归新疆管辖，阿勒泰地区正式成为新疆行政区划的一部分。在之后的抗日战争和解放战争中，

带你走进博物馆

金山岩画序厅

在中国共产党的运筹帷幄下，阿勒泰地区与新疆各民族一起，表现出极大的爱国热忱，实现了和平解放，阿勒泰地区掀开了新的篇章。

（二）专题陈列——金山岩画

阿尔泰山脉独特的地理环境中，分布着众多的冬、夏牧场，这些牧场从阿勒泰地区到塔城地区，再到昌吉回族自治州的木垒县，哈密地区的巴里坤县、伊吾县，是重要的岩画分布区域。

岩画大多分布在季节性的山地草场带，多为低山带或中山带，可占到岩画分布的

金山岩画展厅

带你走进博物馆

80%以上。第三次全国不可移动文物普查结束后，阿勒泰地区共发现岩画125处，主要分为岩棚岩画和岩壁岩画2个类别。岩刻画规模大、内容丰富，出现最多的是动物，占90%以上，图像简单、古朴，有的雕刻较精细，形象逼真，惟妙惟肖。

经过全国第三次文物普查以及近年的调查，阿勒泰地区洞穴彩绘岩画地点共计有6处，共18座岩棚：富蕴县唐巴勒有2座岩棚，阿勒泰市巴尔也恩巴斯陶有1座岩棚，墩德布拉克有5座岩棚，阿克塔斯有1座岩棚，布尔津县桑木尔生布拉克有1座岩棚，多尕特有8座岩棚。

其中最重要的一幅岩画就是墩德布拉克洞穴彩绘岩画的滑雪狩猎岩画，正是这幅岩画成为阿勒泰"人类滑雪起源地"的有力证明。整幅岩画色泽深浅不一，有的部分偏红，有的部分偏暗红，属于彩绘岩画。画面中描绘的一排滑雪人，排列整齐，个体形态清晰，屈腿前倾，双脚踩于雪踏上，飞速前行。除了墩德布拉克洞穴彩绘岩画外，还有比较著名的多尕特洞穴彩绘岩画、唐巴勒塔斯洞穴彩绘岩画，这些都是阿勒泰先民遗留的下不可多得的艺术品。

（三）临时陈列——永恒的誓言

全称"永恒的誓言——赓续中国共产党人精神血脉专题展"。

中国共产党自成立之日起，就自觉肩负起拯救民族危亡的重任，将为中国人民谋幸福、为中华民族谋复兴作为自己的使命和奋斗目标，带领中国人民艰苦奋斗，历经革命、建设、改革，实现了中华民族从站起来、富起来到强起来的历史性跨越，开启了中国特色社会主义新时代。百余年间，无数共产党员曾在党旗下庄严宣誓，许下为共产主义事业奋斗终身的铮铮誓言，为争取民族独立、人民解放，不惜抛头颅、洒热血，前仆后继；为实现国家富强、人民幸福，在各自的岗位上拼搏进取，默默奉献。他们用生命和热血践行了共产党人的初心使命，无愧为民族的脊梁、时代的先锋。

展览深入贯彻落实党的二十大精神，是推进新时代党的建设新的伟大工程、助力经济社会高质量发展的有效之举，通过展示百年党史中优秀共产党人的事迹，特别是他们留存于世的诗文、信笺及语录等，带观众感受共产党人坚定的理想信念、忠贞报国的情怀和无私奉献的精神，激励人们在全面建设社会主义现代化国家新征程上踔厉奋发、勇毅前行。

展览以不同历史时期的中国共产党入党誓词为序，下设"甘洒热血矢志救国——新民主主义革命时期""艰苦创业无私奉献——社会主义革命和建设时期""开拓进取勇立潮头——改革开放和社会主义现代化建设新时期""奋进创新逐梦强国——中国特色社会主义新时代"四大部分，通过232张图片、62件文物，辅以雕像、场景、多媒体等展陈方式，展示76位在中国共产党百年历史上做出突出贡献、具有较大影响的人物，他们共同的身份是中国共产党党员，且均留有对党忠诚、爱国报国的话语或文字，对广大党员干部具有激励和示范作用。

带你走进博物馆

四　历史文化遗产

（一）通天洞遗址

通天洞遗址位于新疆维吾尔自治区阿勒泰地区吉木乃县托斯特乡阔依塔斯村东北的一处花岗岩洞中，2014年，新疆全国第一次可移动文物普查北疆文物专家组与阿勒泰地区文物局、吉木乃县文物局工作人员在吉木乃县途经阔依塔斯村时发现此处遗址，

通天洞遗址外景

初步认定该遗址属于青铜时代古人类生活居住遗址。2015年，新疆文物考古研究所派专人对该遗址进行了较详细的调查，2016年初，向国家文物局提出了发掘申请并获得批准。2016年至2022年新疆文物考古研究所与北京大学考古文博学院联合组成的考古队，对该遗址已开展了七次考古发掘。

2018年1月8日，吉木乃通天洞遗址入选"中国社会科学院考古学论坛·2017年中国考古新发现（六大发现）"。同年5月16日，入选了"2017年度全国十大考古新发现"。2019年，通天洞遗址被列入第八批全国重点文物保护单位。

通天洞遗址中的重要发现，为我们展现了黍麦相逢的故事。通天洞遗址中发现的炭化小麦麦粒、大麦麦粒和黍粒，年代早到距今5200多年，是目前国内发现最早的小麦和大麦遗物，也是新疆境内发现最早的黍作物，其中黍在发现的农作物中占有60%以上的比重。

考古学家研究表明，在距今约9000年，黍作物在华北被驯化以后，开始向四周传播，在距今5000年左右传播到通天洞，小麦、青稞是在距今5200年左右通过欧亚草原传入中国的。因此，在距今5000年左右的通天洞，存在一条黍麦交流的通道。由此可以推测，在当时阿勒泰地区，源自西方的小麦和源自中国的粟、黍相遇了，它们以阿勒泰为中转站，一个东传，一个西进，为东西方世界的人类生存和繁衍提供了物种资料，所以阿勒泰地区自古以来就是东西方世界文明交汇、传播的重要枢纽和通道。

带你走进博物馆

（二）切木尔切克石人及石棺墓群

切木尔切克石人及石棺墓群位于新疆阿勒泰市西南16千米切木尔切克镇境内的山间盆地中，包括单体文物点共计16个，分别是阿克托别墓地、阿克托别二号墓地、阿克托别三号墓地、阿克托别四号墓地、海依那尔古墓地、海依那尔二号墓地、海依那尔三号墓地、喀腊希力克墓地、喀腊希力克别特古墓地、阿克希古墓地、东科克舍木（老克木齐）古墓地、南科克舍木（老克木齐）古墓地、提依尔敏古墓地、提依尔敏4

切木尔切克石人及石棺墓群·海依那尔一号墓地

号墓地、喀腊塔斯古墓地、喀腊塔斯二号古墓地。分布着数量较多的石雕人像及古墓葬，形成南北12.5千米，东西3.5千米，总面积达43.7平方千米左右的墓葬分布区。

遗址年代的上限为青铜时代，下限延续至汉、魏。遗址中墓葬形制多样，以大型茔院制石棺墓和石围石堆墓、石棺墓最具代表性，石雕人像的数量及类型居阿勒泰之首。2001年，切木尔切克石人及石棺墓群被列入第五批全国重点文物保护单位。

（三）三海子墓葬及鹿石[1]

三海子墓葬及鹿石位于新疆青河县东北部查干郭勒乡，阿尔泰山分水岭处，西与蒙古国接壤。三道海子地区[2]海拔约2700米，有三个大小不一的谷地。每个谷地中有一至两片大的水域和湿地，均由周围高山冰雪融水和夏季雨水汇流而成，分别名为"切特克库勒"（哈萨克语"边海子"的意思）、"沃尔塔库勒"（哈萨克语"中海子"的意思）、"什巴尔库勒"（哈萨克语"花海子"的意思）。调查显示，三道海子地区共分布巨型石堆遗址3座、中型4座、小型超过百座，鹿石约51通，岩画地点若干处。

花海子中心区域有3座规模宏大的十字轮辐状石围石堆遗址（均有鹿石），分别编号为一、二、三号遗址，其中一号遗址是三道海子地区最大的遗址，石围直径约210、中心石堆直径约76、高14米。2013年至2016年，中国社会科学院考古研究所连续在三海子开展了考古发掘工作，据发掘报告，三海子墓葬及鹿石遗址年代约为公元前9

1　全国重点文物保护单位标准称谓。
2　地理区域称谓。

三海子墓葬及鹿石·花海子一号遗址全景

至前6世纪，2001年，三海子墓葬及鹿石被列入第五批全国重点文物保护单位。

（四）大喀纳斯景区墓葬群

大喀纳斯景区墓葬群位于阿勒泰地区布尔津县，由喀纳斯下湖口景区墓葬群和海流滩墓葬群组成，包括单体文物点共计11个，分别是鸭泽湖一号墓群、鸭泽湖二号墓群、鸭泽湖三号墓群、鸭泽湖岩画、吐鲁克岩画、图瓦新村墓群、神仙湾墓群、海流滩一号墓葬群、海流滩二号墓群、肯吐别克一号墓群、肯吐别克二号墓地。大喀纳斯景区墓葬群于2013年被列入第七批全国重点文物保护单位。

大喀纳斯景区墓葬群·黑流滩墓地全景

（五）阔科克古墓群

　　阔科克古墓群位于新疆阿勒泰地区布尔津县冲乎尔乡阔拉克木尔村东北山区18千米。墓地主要由阔科克一号、二号、三号和四号墓葬群组成。墓葬分布面积80000平方米，相对集中，墓葬达135座以上，墓葬形制包括石堆墓、石棺墓、石围墓、石圈墓，其中有2座石圈墓形制较为特殊，共分为内外三圈。墓地还发现石人1尊，保存完好，被定为国家三级文物。阔科克古墓群是阿勒泰地区规模较大、墓葬较多且埋葬形制较为丰富的古文化遗存。2014年，阔科克古墓群被列入第七批全国重点文物保护单位。

阔科克古墓群·四号墓群近景

（六）墩德布拉克洞穴彩绘岩画

墩德布拉克洞穴彩绘岩画位于阿勒泰市汗德尕特蒙乡东北、墩德布拉克河上游沟谷中洞穴内。有5孔洞穴内有岩画，其中1、2号洞穴在墩德布拉克河谷东侧，3、4、5号洞穴在河西。

墩德布拉克1号洞穴，洞穴极不规整，岩画用赭红和深赭红两种颜色在内壁绘制，其中最值得注意的是，在1号洞穴正上方绘有7个人物，每个人物弯腰屈膝，抬头撅臀，脚蹬短小雪踏。画面左边四位尤为清晰可辨，动作与现代滑雪动作基本相同。整个滑雪队伍自左向右非常有序地呈下凹状弧线排列。在距离弧线滑雪队伍右上方洞穴顶部40厘米处绘一人物，正面而立，脚蹬短小滑雪板，头戴羽冠，一手叉腰，一手握狩猎工具正指向前方。而后，很多专家学者从考古、草原文化和岩画角度，将这幅岩画与法国、西班牙的岩画进行比较后推断，其年代属于旧石器时代晚期，距今约1.2万年或更早，也就是说早在1.2万年前，阿尔泰山居民已发明了雪踏，或成为现代体育运动中使用滑雪板的雏形。

滑雪雪踏，古代先民最早用来狩猎，具有交通工具的功能。20世纪60年代，阿

墩德布拉克洞穴彩绘岩画·1号洞穴（局部）

带你走进博物馆

勒泰的邮递员和边防战士还脚踏古老滑雪板送信和巡逻。如今，阿勒泰附近的牧民用滑雪板来娱乐、健身以及竞技。

2015年中国阿勒泰国际古老滑雪文化交流研讨会上，来自挪威、瑞典、芬兰等18个国家和地区的30余位滑雪历史研究专家、学者联名发表《阿勒泰宣言》，新疆阿勒泰是人类滑雪起源地首次得到国际公认。

2014年，墩德布拉克洞穴彩绘岩画被列入第七批自治区级文物保护单位。

（七）多尕特洞穴彩绘岩画

多尕特洞穴彩绘岩画位于新疆阿勒泰地区哈巴河县萨尔布拉克乡玉什阿夏村西北、县城西多尕沟内的石山包上，沟内和沟两面的山体上分布有巨大的花岗岩体。岩棚内以红色颜料用线条勾勒的方法在洞穴内壁上描绘出图案，有些岩体呈现出千姿百态的形象和许多大小不等的洞窟，彩绘印绘于洞体的内壁上。

彩绘以赭红色、褐红色颜料绘制了人物、动物、几何纹饰、符号等图案。画面中表现的人物图案大多呈舞蹈状，双手叉腰，两腿弯曲，还有呈"出"字状，或两臂斜下伸、两腿分立。绘制有人物尾饰，有些带有头饰，或成行排列，或上下排列。由长点组成的线条或成行，或上下平行成组排列，或构成几何纹饰和符号等。动物描绘得较少，小型动物以羊为主，大型动物以牛为主，大多采用线条勾勒的方法描绘出动物的形象。岩画中还出现了一些手印和脚印的画面。个别彩绘由于雨雪的浸蚀，画面较为模糊。2014年，多尕特洞穴彩绘岩画被列入第七批自治区级文物保护单位。

多尕特洞穴彩绘岩画（局部）

（八）唐巴勒塔斯洞穴彩绘岩画

唐巴勒塔斯洞穴彩绘位于富蕴县库尔特乡塔本勒切尔村，西北部山区中山带、距县城70千米处一条东西向花岗岩石梁上有一些自然形成的洞窟，彩绘即位于洞窟内壁上，共有洞窟彩绘两处。1号洞窟位于石梁的中部，洞窟距地面25米，洞口高11.5、宽20、进深11.8米，方向南偏西30度，在洞内壁上有用红、白两种颜料绘制的图案。主要为手掌纹、符号、同心圆纹、倒置的人面像。绘制人像戴有尖顶的帽子，在额部饰有两排短线，弧形短眉，以同心圆的形式表现出双眼和嘴部，双眼和下巴处饰有斜短线。2号洞窟位于1号洞窟东侧近20米处，距地面约4米，洞口面向东南，洞口宽

唐巴勒塔斯洞穴彩绘岩画·1号窟内全景

4.9、高3.2、深4米,呈喇叭状。大多由成组或成排的人物组成,均分腿站立,有些带有2~3根角饰,有些带有尾饰,还刻画有拉弓的人物及一些符号,保存较好。在洞穴内发现有一些用木炭涂抹的痕迹,时代待定。

1999年,唐巴勒塔斯洞穴彩绘岩画被列入第四批自治区级文物保护单位。

(九)杜拉特岩画

杜拉特岩画位于新疆阿勒泰地区阿勒泰市汗德尕特乡西约7千米的杜拉特沟中,距阿勒泰市约30千米,岩刻画主要分布在红墩镇至汗德尕特乡公路的西北面相对独立的山包上,临近公路的山包上分布较为集中,在其他一些山包上也有零散的分布,分

杜拉特岩画（局部）

布面积较大，保存画幅多，刻画内容较为丰富，以点凿、阴刻、线条勾勒的手法刻画了一百余幅精彩的画面，内容以动物为主，以及少量的人物、动物的组合图案。

1999年，杜拉特岩画被列入第四批自治区级文物保护单位。

（十）查干郭勒水库岩画

查干郭勒水库岩画位于查干郭勒乡江布塔斯村南面1千米，查干郭勒水库西岸山坡上。现存有49幅，以点线凿刻成剪影式图案，主要内容有动物和人物，动物有鹿、骆驼、大角羊、小羚羊、狼、北山羊等，其中羊的数量最多，有一幅宽1.8、高1米，图案清晰，刻有鹿，鹿角表现大而夸张。山顶部一块岩石上有密密麻麻的图案，有北山

羊、鹿、骆驼等。大部分岩画保存较好。

2007年，查干郭勒水库岩画被列入第六批自治区级文物保护单位。

（十一）喀拉苏墓地

喀拉苏墓地位于阿勒泰地区哈巴河县加依勒玛乡阔克塔斯村西北2.5千米的戈壁草场上。2014年5月12日~7月14日，新疆文物考古研究所、阿勒泰地区文物局、哈巴河县文物局对喀拉苏墓地进行了发掘，清理墓葬53座，包括偏室墓3座、石棺墓4座、石椁木棺墓2座、木棺墓1座以及竖穴土坑墓43座，墓葬之上多有岩石堆积的封堆。这些墓葬中出土了石器、骨器、陶器、铜器、铁器、金器等文物大约600件。其中最为明显的特征就是这些墓葬普遍殉葬马匹，其中两座大型墓葬殉葬马分别多达13匹和7匹，为新疆墓葬殉葬马数量之最，且殉葬马骨架完整、佩饰华美，古代用于马匹殉葬的多为部落领袖、贵族，喀拉苏墓地对研究古人殉马习俗具有非常重要的意义。根据墓葬形制及随葬品情况，考古学家推断这些墓葬可以大致分为三个时期：早期铁器时代，汉代前后以及7世纪前后。哈巴河县喀拉苏墓地考古发掘入围2014年度全国十大考古新发现终评，也成为2014年新疆唯一入围的考古发掘项目。

喀拉苏墓地局部

（十二）东塔勒德墓地

　　东塔勒德墓地位于哈巴河县东北约20千米的加依勒玛乡塔木齐村东，阿尔泰山脉南麓的多条山梁上。共发掘墓葬61座，出土器物包括陶器、铜器、铁器、金器等，其中以金器居多，约有800件。这批墓葬在墓葬形制、出土器物等方面既有其自身的特征，同时又与欧亚草原、中国北方地区考古学文化有一定的相似性。

　　东塔勒德墓地分为两区，两区墓葬封堆形制大致相同，地表都有石块和沙土堆筑而成的圆形封堆，其中石椁墓是新疆北部分布最广、数量最多的墓葬类型，流传时间

东塔勒德墓地（局部）

长久。Ⅱ区有14座墓葬，相对集中、链状分布在一道南北向沙梁上，其结构与Ⅰ区墓葬类似，但墓口较大，其中2座有东向墓道，墓道较短直，墓穴较深，多在4米左右，最深近5米。M3、M5、M6、M7、M9中出土了较多的以金箔制作的金饰，表明在当时的日常生活中，黄金可能已经被广泛应用。

经北京大学加速器质谱实验室检测分析，东塔勒德墓地6个人骨样本的测年结果主要集中在公元前9世纪末至公元前7世纪中叶，大致相当于西周晚期至春秋时期。

（十三）托干拜二号墓地

托干拜二号墓地东西向分布在哈巴河县萨尔塔木乡喀布哈塔勒村东北的一道山梁上，墓地北部约1千米为哈巴河县前往白哈巴村的229省道。

2013年9月15日~10月3日，新疆文物考古研究所、阿勒泰地区文物局、哈巴河县文物局对哈巴河县托干拜二号墓地进行了抢救性发掘，清理墓葬3座、祭祀遗迹1处。托干拜二号墓地墓葬出土遗物中不见金属器，每座墓葬均有石镞发现，这些石镞与同在哈巴河县的齐德哈仁细石器遗址中发现的特征一致，墓地可能属于青铜时代早期的遗存。根据检测的碳十四数据，年代距今约4200年。

墓葬中一座祭祀遗迹由石板围构而成，一座用白色石英岩石围筑成长方形石围，其间东西方向上各有一石板构筑的石棺，两具石棺均被盗掘，西部石棺内破碎的人骨较多，经仔细辨认，有7具成人、4具儿童骨架，随葬有石罐，被盗墓者砸碎。东部石棺内壁有以红色颜料描绘的对角线长方形图案，菱形格内随意涂抹红点。

带你走进博物馆

托干拜二号墓地远景

　　这次发掘对于研究阿勒泰地区早期考古学文化有着重要的意义，从墓葬结构及出土器物初步分析，这些墓葬属于青铜时代的考古学文化切木尔切克文化范畴，距今4000多年，是目前阿勒泰地区考古发掘中最早的切木尔切克文化墓葬。

（十四）苏联航运办事处旧址及中苏航运码头遗址

　　苏联航运办事处旧址位于布尔津县城南河滨路和神仙湾路交叉处，老码头东北约200米处。1952年建造。长34.7、宽12米，占地面积为700平方米，屋顶为歇山顶式的土木结构单层房屋。大门处有门廊，由6根廊柱支撑，屋内有12间房间，房间地面为木地板。

中苏航运码头遗址位于额尔齐斯河北岸，距老额尔齐斯大桥西面约600米处，码头占地面积为500平方米，整体呈梯形向河内延伸，上底长40.3、下底长69、腰长17.5米。现有75.3米的防水墙（为两腰及上底），防水墙南侧有10个大铁钩，铁钩间距为4.8米，码头地面为河滩地面。附近老人回忆当时码头地面为水泥铺设，后已经全部消失。2015年布尔津县文物局对码头遗址进行整体维修。

2018年，苏联航运办事处旧址及中苏航运码头遗址被列入第八批自治区级文物保

苏联航运办事处旧址

带你走进博物馆

护单位。

（十五）可可托海地质三号矿坑

　　可可托海三号矿坑是伟晶岩脉矿坑，深200、长250、宽240米，边壁上的盘山道呈螺旋状，积水漫到矿坑腰部。三号矿坑素以"地质矿产博物馆"享誉海内外。盛产世界上已知的140多种有用矿物中的86种矿，其中铍资源量居全国首位，铯、锂、钽资源量分别居全国第五、六、九位。其矿种之多、品位之高、储量之丰富、层次之分明、开采规模之大为国内独有、世界罕见，与世界最著名的加拿大贝尔尼克湖矿齐名，是全球地质界公认的"天然地质博物馆"。坑内有86种矿共生，且各种矿物呈十分规则的螺旋带状分布，分布界线非常分明。最令人惊喜的是这是一个草帽形矿，在

可可托海地质三号矿坑

矿坑四周仍有大量未被挖掘的资源。

2007年，可可托海地质三号矿坑被列入第八批自治区级文物保护单位。

五　社会教育宣传

阿勒泰地区博物馆讲解员合影

（一）服务建设

　　讲解员作为博物馆的窗口形象，连接着博物馆与社会大众，加强博物馆人才队伍建设，提高从业人员的素质和能力，对于保护和传承文化遗产，推动博物馆事业高质量发展，具有十分重要的意义。

近年来，阿勒泰地区博物馆锐意进取，强化培训考核与管理，全面提升工作人员的综合能力，打造了一支创先争优、全面发展的讲解员队伍。定期组织讲解员培训，加强专业知识、礼仪等培训，采取"请进来，走出去"的培训模式，提高博物馆讲解员专业知识储备，使博物馆更好地发挥宣传教育和研究作用，更好地为社会服务。

阿勒泰地区博物馆于2021年5月18日正式开馆，每年开馆时间不少于300天，现有讲解员6名，开馆以来，共免费讲解2416场99397人次，以热情、专业的服务赢得了社会大众一致好评。

在做好博物馆讲解服务的同时，阿勒泰地区博物馆充分利用馆藏资源搭建平台，推出形式多样的社会教育，"文物话新春""元宵猜灯谜""春分学礼仪""小小讲解员""博趣手工""文博讲座""书法小课堂"等社会教育活动深受社会各界喜爱，进一步发挥了爱国主义教育基地、科普教育基地及青少年"第二课堂"的教育职能。

（二）宣传教育

1.社会教育

全年结合二十四节气、中华传统节日等重要节点，精心设计、开展形式多样、健康向上的社教活动，带领观众体验节日习俗、感受悠久历史、增强文化自信。相继举办迎新春"赏元宵诗词·迎春灯谜会"经典诗词朗诵、"博物馆里春意闹"春分中华传统文化活动、"品悟端午内涵，厚植家国情怀"等主题活动，进一步弘扬中华优秀传统文化。

带你走进博物馆

开展青少年教育

2.青少年课堂

持续推动中小学生利用博物馆资源开展学习,通过中小学生走进博物馆学习实践,促进博物馆与学校教学、综合实践有机结合,成效显著。"英雄人物进校园——我是小小文物守护人"、"开学第一课"、"历史的画面等你来描绘——阿勒泰地区博物馆青少年儿童书画大赛"、"童心向党,争当文化传承好少年"暑期小小讲解员培训班、"与你'童'行,让梦想长大——庆六一主题研学"、5·18国际博物馆日系列活动——户外研学走进墩德布拉克洞穴彩绘岩画、"石间秘语——岩画主题研学"、"扬五四精神,展青春风采"新团员入团仪式、"博物馆奇妙夜"儿童创意剧等第二课堂活动,精彩纷呈,

阿勒泰地区博物馆

带你走进博物馆

开展流动博物馆宣传教育

"小小讲解员"培训班

带你走进博物馆

进一步提高青少年科学文化素养。

3.流动博物馆

阿勒泰地区博物馆持续开展流动博物馆"六进",不断拓展宣传教育阵地,以博物馆文化影响力,进一步增强观展群众的文化自信以及爱国爱疆意识,进一步铸牢中华民族共同体意识。重点开展"建设美丽新疆　共圆祖国梦想——主题流动展"进校园活动,让中小学生深刻认识到新疆是中国领土不可分割的一部分,新疆各民族是中华民族血脉相连的家庭成员、新疆各民族文化是中华文化的组成部分。

（三）临时展览

阿勒泰地区博物馆在做好基本陈列展示的同时,通过多方协作,丰富临时展览内容,相继举办红色教育题材"中国梦·劳动美·新疆好——永远跟党走、奋进新征程"党史学习教育六进巡展活动暨"不忘初心　牢记使命——党旗党徽党章专题展",中华优秀传统文化题材"新疆是个好地方——第九届天山南北贺新春"非物质文化遗产年俗系列活动、"中华风·乡土情——新疆第二届迎春年画、剪纸优秀作品联展"等一系列题材丰富的临时展览。

1.红色教育题材

2021年举办"中国梦·劳动美·新疆好——永远跟党走、奋进新征程"党史学习教育六进巡展活动暨"不忘初心　牢记使命——党旗党徽党章专题展"。展览充分展示百年来中国共产党不忘初心、牢记使命,团结带领全国各族人民进行了波澜壮阔的伟大斗争，建立了中华人民共和国，开辟了中国特色社会主义道路，讴歌伟大的祖国，铸牢中华民族共同体意识。通过展览激发阿勒泰地区各族职工群众、各级党员干部的爱党爱国热情，以饱满的工作热情和昂扬的精神面貌，完整准确贯彻新时代党的治疆方略，深入开展"文化润疆"工程，为社会稳定和长治久安积极建功立业。

2.中华优秀传统文化题材

2022年举办"新疆是个好地方——第九届天山南北贺新春"非物质文化遗产年俗系列活动和"中华风·乡土情——新疆第二届迎春年画、剪纸优秀作品联展"。展现新疆各族人民以朝气蓬勃、昂扬向上的精神面貌，展出新疆本土艺术家年画、剪纸作品82幅，展出来自全国著名的年画之乡天津杨柳青、陕西凤翔、苏州桃花坞、山东高密、山东临朐、四川绵竹的优秀木刻及手绘年画55幅。

3.爱祖国、爱家乡题材

2022年举办"燃情雪都 一起向未来——冰雪摄影大赛优秀作品展"。此次大赛有众多摄影爱好者的1000余幅摄影作品参赛。摄影爱好者们用镜头记录家乡日新月异的变化，捕捉普通人建设美丽阿勒泰的动人瞬间。

4.青少年题材

2022年举办"童心向党 喜迎二十大——阿勒泰地区第四届少儿绘画作品展"。展览共展出绘画作品300余幅。通过孩子们的不同视角、独特的思维方式和审美观，

激发他们的想象，拓宽眼界，展现少年儿童爱党爱国爱家乡的精神风貌。

（四）特色文创

让文物"活"起来，让文创"潮"起来，一直是阿勒泰地区博物馆创新文创产品的课题目标，将审美价值、观赏价值、实用价值和收藏价值充分融为一体，使文物以鲜活、年轻的形式，走近群众身边，融入群众生活，真正让文物"活"起来，在吸引游客的同时，将阿勒泰地区独特的地方文化也推广出去，更好地实现经济效益与社会效益的双赢。

近年来，阿勒泰地区博物馆高度重视文创产品研发工作，盘活尘封的历史文化和地域资源优势，坚持探索把传统文化转化成现代语言，实现文化的活态传承与创新转化，在文创领域不断寻求"破圈"。2021年以来，阿勒泰地区博物馆共设计开发文创产品11类21件，涉及金翼兽饰、通天洞遗址、石人等多个馆藏文物，打造了文创新IP，让"久在深闺人未识"的优秀文物重新"活"过来、火起来，加深游客对阿勒泰地区文化魅力的印象和感知。

1.博物馆纪念币

博物馆的文创跟其他产品的区别在于，它富有浓厚的文化内涵，呈现的是当地特色的历史文化，博物馆文创堪称文物及其背后厚重历史文化的"推介官"，为了将阿勒泰特有的黄金资源与文物资源相结合，促进文化旅游深度融合发展，阿勒泰地区博物馆创新推出阿勒泰地区首款文创产品"博物馆纪念币"，将阿勒泰的独有资源与阿勒泰文物元素紧密结合，让文创产品既有文物展示，也有地域纪念意义。

阿勒泰地区博物馆特色文物纪念币目前共上线两款，有镀金币和镀银币两种规格，直径4.5、厚0.3厘米；亚克力外壳（外壳尺寸：直径4.9、厚0.8厘米）。

博物馆纪念币正面图案为阿勒泰地区博物馆馆标——汉代时期珍贵馆藏文物金翼兽饰。这件金饰充分融合了中原地区和西亚、中亚地区的文化特征与铸造工艺，通过这只金翼兽我们可以了解到在汉代"丝绸之路"的繁荣兴盛下，阿勒泰地区已经是东西方贸易、技术、文化交流交融的重要地区，这件金翼兽饰是馆藏国家二级文物，出土于阿勒泰地区青河县，是最为珍贵的馆藏文物之一，是当时金饰件的杰出代表，展现了汉代时期阿勒泰地区先民杰出的黄金铸造工艺以及非凡想象力，洋溢着浓郁的草原文化特色，是东西方文化交流的典型物证。现在是阿勒泰地区博物馆"镇馆之宝"之一，也是阿勒泰地区博物馆的馆标所用图案。

背面主要为国家一级文物——夏商时期喀依纳尔二号墓地1号石人，它是夏商时

博物馆纪念币

期的重要文物，也是阿尔泰山脉青铜时代切木尔切克文化的重要考古学文化发现和典型代表。

2.纪念彩币

继博物馆纪念币后，又推出两款与当地文旅相结合的纪念彩币。此次以阿勒泰独有文旅元素与文物相融合为主题，充分展示了阿勒泰地区的自然风光和文化特色。其中一枚正面描绘一幅冬季滑雪场景，背景是连绵的雪山和宁静的森林，禾木与喀纳斯的小木屋静立于前，一位身穿滑雪装备的卡通形象滑雪爱好者，面带微笑，神情愉悦，体现出欢乐和活力。

另一枚正面突出了阿勒泰作为人类滑雪起源地的独特魅力，构筑了运动与自然的

托干拜石人

完美结合；背面则展示阿勒泰地区丰富的人文元素，阿勒泰市切木尔切克喀依纳尔一号墓地的 5 尊石人形象排列在一起。石人线条流畅，色彩鲜明，表达了多元文化的融合与共生；中间部分是阿勒泰的中英文名称，字体采用庄重典雅的风格，背景的抽象图案象征着阿勒泰的自然环境与人文景观的和谐统一，突显了纪念币的纪念价值和文化底蕴。

带你走进博物馆

参观服务指南

开放时间

夏　　季：10:30～19:00（19:00停止进馆）

冬　　季：10:30～19:00（18:00停止进馆）

闭　馆　日：每周一例行闭馆，节假日闭馆时间另行通知

参观预约电话：0906—2121518

讲解咨询电话：0906—2121518

地　　　址：新疆阿勒泰地区阿勒泰市团结南路193号

乘车线路：乘坐1路公交车体育馆站下车，向西直行200米右转即到；乘坐2路、

　　　　　　5路车体育馆站下车，路对面(地区公安局旁)

联系电话

办 公 室：0906—2101907

接 待 处：0906—2121518

传　　真：0906—2101518